천년의 약속,
사람꽃이 되어
피어나리

천년의 약속,
사람꽃이 되어 피어나리

초판 1쇄 인쇄 2019년 4월 10일
초판 1쇄 발행 2019년 4월 12일

신고번호 제313-2010-376호
등록번호 105-91-58839

발행처 보민출판사
발행인 김국환
편집 정은희
지은이 한미려
디자인 김민정

주소 인천시 서구 불로동 769-4번지 306호
전화 070-8615-7449
사이트 www.bominbook.com

ISBN 978-89-97159-85-7 03800
CIP 2019009485

천년의 약속, 사람꽃이 되어 피어나리

한미려 시집

첫 시집을 내며

시작과 끝

누구나 상처는 있고, 누구나 슬픔은 있더이다.

때로는 원하지 않는 방향으로 내 삶이 흘러갈 때마다

방황하기도 하고, 우울하기도 했습니다.

마흔을 훌쩍 넘긴 자아들이 내 속에 서로 자신을 봐달라면서 소리칩니다.

갈등과 번민, 삶에 지친 나의 가슴은 모든 것을 받아들이기로 하였습니다.

그것은 삶의 포기와 다른 기도의 응답이었습니다.

온전히 내려놓고 나를 비울 때 차오르는 존재의 사랑이,

존재의 슬픔이, 가슴에 겹겹이 쌓여 시가 되었습니다.

시인들은 말합니다.

멍든 가슴으로, 눈물로 시를 쓴다고.

저도 이제 말할 수 있습니다.

멍든 가슴으로 시를 썼다고, 눈물로 시를 썼다고.

존재의 슬픔은 심해의 바닥을 딛고 또 다른 시작이 되었습니다.

시작과 끝은 다르지 않다고, 시가 된 삶은

세상 속에서 춤을 추라고 일러줍니다.

2019년 4월 1일

처음처럼 그 모습 그대로…

처음처럼 그 마음 그대로…

사람꽃, 한미려 드림

행복해진다는 것

- 헤르만 헤세 -

인생에 주어진 의무는 다른 아무것도 없다네
그저 행복하라는 한 가지 의무뿐
우리는 행복하기 위해 세상에 왔지
그런데도 그 온갖 도덕 온갖 계명을 갖고서도
사람들은 그다지 행복하지 못하다네
그것은 사람들 스스로 행복을 만들지 않는 까닭
인간은 선을 행하는 한 누구나 행복에 이르지
스스로 행복하고 마음속에서 조화를 찾는 한
그러니까 사랑을 하는 한…
사랑은 유일한 가르침
세상이 우리에게 물려준 단 하나의 교훈이지
예수도 부처도 공자도 그렇게 가르쳤다네
모든 인간에게 세상에서 한 가지 중요한 것은

그의 가장 깊은 곳 그의 영혼
그의 사랑하는 능력이라네
보리죽을 떠먹든 맛있는 빵을 먹든
누더기를 걸치든 보석을 휘감든
사랑하는 능력이 살아있는 한
세상은 순수한 영혼의 화음을 울렸고
언제나 좋은 세상 옳은 세상이었다네

헤르만 헤세(1877-1962)에게
행복을 배우고, 사랑을 배우며
시인 한미려

차 례

제1부. 첫 詩

진달래꽃 한 잎 두 잎 _ 14

제2부. 그대라면 좋겠네

그대는 누구인가요 _ 18

님이라는 그대 _ 20

그대의 손길 _ 22

길에 이르러 _ 24

그대라면 좋겠네 _ 25

사랑의 주파수 _ 27

구분하지 않는 사랑 _ 28

그대에게 가는 길 _ 29

그대가 내 가슴에 머무르는 날 _ 31

그저 바라보는 한 사람 _ 33

내 안의 그대 _ 35

돌아가고 싶은 그날 _ 37

진정으로 _ 39

이제 그 길 위에서 _ 40

나는 그대라오 _ 41

제3부. 울음이 터졌다

언젠가 언젠가 우리 만난다면 _ 44
진실한 사랑 _ 46
나도 그러합니다 _ 48
마음의 창 _ 50
오직 그것뿐 _ 51
울음이 터졌다 _ 53
누군가 묻거든 _ 55
사랑해 그 한마디 _ 57
기억하나요 _ 59
마음이 사라지면 _ 61
시가 되어버린 사람 _ 63
가슴으로 운다네 _ 65
슬픔이 내린다 _ 66
나는 믿어요 _ 68
선물 같은 사랑 _ 70
멈춰버린 사랑 _ 72
나는 꿈을 꿔요 _ 73

제4부. 황홀한 순간

여명의 꿈 _ 76
황홀한 순간 _ 78
열병 _ 80
두려움 속에 피는 꽃 _ 82
神이 난다네 _ 84
한 사람의 꿈 _ 86
하나 되는 시작 _ 88
먼 북소리 _ 90
사랑의 불꽃 _ 92
yes 그리고 예스 _ 94
나에게 이르는 길 _ 96
나를 넘어서서 _ 98
청춘의 꿈 _ 100
그뿐인 걸 _ 102
약속된 노래 _ 104
아직 거기 있나요 _ 106
열정 _ 108

제5부. 그 겨울의 눈물

삶의 꽃이 피던 그곳 _ 112
천국이라 하네 _ 114
억겁의 정 _ 115
그 겨울의 눈물 _ 117
내 마음 같아라 _ 119
온 생애 한 번 _ 120
달마가 서쪽에서 온 까닭은 _ 121
그대와의 춤을 _ 122
천국의 길 _ 124
반가사유상 _ 126
망부석 _ 127
숨박꼭질 _ 128
천년의 약속 _ 130
마음의 등불 _ 131
4월에는 사랑하게 하소서 _ 133
천일의 기다림 _ 134
나를 그것이라 하더이다 _ 136
삶의 초상 _ 138

제6부. 그렇게 별이 된다면

별이 흐른다 _ 142
그렇게 별이 된다면 _ 143
그저 바라봄 _ 145
사람은 음악을 타고 _ 146
그리고 나는 그대의 꽃이 되었다 _ 147
극에 이르면 _ 148
별이 되는 마음 _ 150
함 없는 함으로 _ 152
별과 같은 그대가 내 안에 있음으로 _ 154

제7부. 한라의 書, 詩人의 書

지극함으로 _ 158

한라를 오릅니다 _ 160

한라의 꿈 _ 162

제8부. 첫 시집, 마지막 詩

運命의 수레바퀴 _ 166

제 *1* 부

첫 詩

진달래꽃 한 잎 두 잎

밤하늘에 별을 세던 아이
두 손 잡던 찻집에서 어색한 눈맞춤을
수줍은 입맞춤을 홀연히 남겨둔 아이

나를 보는 눈동자엔 별이 빛나고
사랑 품은 내 마음은 꽃을 피우건만
나만 홀로 덩그러니 추억 속에 멈추네

선분홍빛 진달래꽃 짙게 핀 3월
타는 듯한 그리움 감출 길 없어

진달래꽃 한 잎 두 잎 떨어지는 눈물이여

타오르는 갈증 잠재울 비를 내리소서
타오르는 불꽃 꺼뜨릴 비를 내리소서

진달래꽃 한 잎 두 잎 떨어지는 빗물이여

그 설움이 흘러 흘러 어디를 향하는가
내 마음은 오직 하나 별을 바라보네

진달래꽃 한 잎 두 잎 떨어지는 별들이여

그 별들이 모여 모여 그대에게 흐르네

제2부

그대라면 좋겠네

★★ 그대는 누구인가요

눈을 마주치고 있노라면
그대에게 묻고 싶어요

그대는 누구인가요

돌아선 그 자리에
향기가 머물러
끊임없이 나를
뒤돌아보게 하는

그대는 누구인가요

내딛는 발걸음마다
행복으로 눈멀게 하는

그대는 누구인가요

별빛이 내리고 달빛이 비취는
이 세상 무대 위에
풀잎에 떨어지는 이슬방울
풀숲에 지저귀는 생명들이
모두 모여 음악이 되는
환상의 페스티벌

그대는 누구인가요

나를 춤추게 하는
나를 불태우게 하는

그대는 사랑인가요

★ 님이라는 그대

텅 비운
빈 가슴에
슬픔이 깃들었다

님을 향한
내 마음은
그지없는데

내 님은
저토록
목 놓아 우니

이 다리를 건너면
님을 만날까
이 구름이 걷히면
그 길을 알까

오직 내가 다가설 때
만날 수 있는
내 님

그대는
님이라는
세상

세상이라는
내 님

그대의 손길

무한한 사랑이
극에 이르러
슬픔이 되었다

무한한 아름다움이
극에 이르러
눈물이 되었다

하염없는 슬픔이
무한한 사랑의
대답이었고
하염없는 눈물이
무한한 아름다움의
대답이었다

삶에 지친
그대의 손길
슬픔의 그 끝에

무한의 사랑과

아름다움이

눈물로 맺혔다

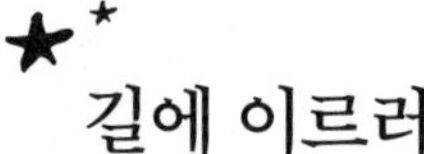

길에 이르러

세상만물의 이치가 다른 것 같지만 다르지 않고
너와 나의 삶이 다른 것 같지만 다르지 않으며
너와 나의 슬픔이 다른 것 같지만 다르지 않음을

극과 극은 통하고
극에 달하면 길에 이른다

나의 마음은 미미하나
그대의 삶이 이조차 필요하다면
나는 끝까지 당신과 공명하리니

나는 끝까지 그대와 함께하리니

그대라면 좋겠네

뜨거운 목마름이
무언가를 찾고
누군가를 사랑해도
그저
속 깊은 우물 속에
내던져진 울림이
진공의 공간 속에서
잡을 수 없는 아련함으로

뜨거운 목마름이
무언가를 찾고
누군가를 사랑해도
그저 속 깊은 바다처럼
들여다보고 들여다보아도
깊이를 알 수 없는 두려움이
파동의 그림자 속에
잡을 수 없는 아련함으로

목마름이 사라진다면
이 세상 건널 때
한 모금 축일 사랑이 있다면
그 사랑이

그대라면 좋겠네

사랑의 주파수

똑 똑 똑
카톡!

온 마음을 스치는
나를 깨우는 소리
내 마음을 두드리는
그대만의 노크

똑 똑 똑
카톡!

두드리면 열리는
사랑의 인사
나만이 아는
그대의 속도

똑 똑 똑
카톡!

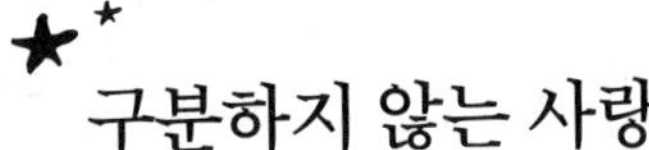

구분하지 않는 사랑

여기로 올래? 하면
그저 오는 사람
이거 먹을까? 하면
그저 먹겠다는 사람

많이 기다렸다며
따뜻하게 안아주는 사람
골목길 길모퉁이
다정하게 키스해주는 사람

온통 나만 바라보는
그저 바보 같은 사람

"너는 내가 왜 좋아?" 하고 내가 묻던 그날
그가 나에게 말했지

좋아하고 싫어하고는 없어
그저 사랑할 뿐이야

그대에게 가는 길

나는
이곳에 태어나
그대를
가슴에 묻고
세상을 걸을 때

따뜻한 햇살 속으로
나는 걸어 들어가
꿈결 같은
바람소리에
너를 느낀다

흘러가는 저 구름은 어디로 가는가

우리가
기억하는
그 허공 속으로
나는 걸어 들어가

바람결 같은
세상 속에서
너를 느낀다

그대가 내 가슴에 머무르는 날

좋을 것도 없고 나쁠 것도 없음을
나는 배웠네
아름다움도 없고 추함도 없음을
나는 배웠네
선함도 없고 악함도 없음을
나는 배웠네

꽃은 붉고
태양은 떠오르고
달빛은 밝네

너가 내 가슴에 들어오던 날
나의 삶은 즐거움으로
나의 삶은 아름다움으로
나의 삶은 선함으로 변하네

꽃은 뜨거움으로 붉고
태양은 눈부시게 떠오르고
달빛은 온화하게 나를 감싸네

그대가 내 가슴에 머무르는 날
세상은 나와 함께 춤출 수 있음을

나는 배웠네
그대의 사랑을

그저 바라보는 한 사람

살을 저미는
이 겨울 모서리의
외로움 속에
그저 바라보는 한 사람

매서운 해풍
눈물조차 얼어버린
이 겨울의 삭막함 속에
그저 바라보는 한 사람

붉어만 가는 석양의 끝
그 끝을 찾는 아득한 눈빛
짙은 기다림 속에
그저 바라보는 한 사람

모든 것이 정지된 채
그의 눈빛엔
영혼의 갈망이
영혼의 약속이
움트고 있는

그는 그저 바라보는 한 사람
그는 그저 기도하는 한 사람

내 안의 그대

상처 안은 아이
가슴으로 안아주고
꿈을 읽은 소년의 등
다독이는
그대는 누구인가요

삶에 지친 아버지와
버거운 삶을 안은 어머니
그들을 다독이는
그대는 누구인가요

두려움과 슬픔이 새겨진 삶속에
익숙하듯 속삭이고
낯설 듯 지켜보는
그대는 누구인가요

그대가
온 가슴으로
나를 깨울 때
차오르는 삶의 신비

인생이라는 바다에
용기라는 돛을 세우고
사랑이라는 나침반으로
항해하라는

그대는 누구인가요

그대는 나라는 이름의 그대
그대는 그대라는 이름의 나

돌아가고 싶은 그날

돌아가고 싶은 그날
밤하늘에 별은
뽀얀 살갗 드러내며
반짝거려요

돌아가고 싶은 그날
구름 뒤로 숨겨둔 보석들이
한 올 한 올 그 情들을
나에게 드리워요

돌아가고 싶은 나날들이
아득한 기억 속에 모여 모여
가슴에 새겨진 그리움과
은빛비단 저고리 고름
드리워진 천년의 그리운 情들이

저 별에도 녹아 흘러 반짝입니다

돌아가고 싶은 그날엔

저 별과 함께

그대 안에 나도 머물고 싶어요

진정으로

진정으로 사랑한다는 것은
그저 사랑 자체가 되는 것

기대함 없는 사랑
무위(無爲)의 사랑
그저 사랑인 그대로 있는 것

사랑에도 진리가 있다면
사랑 그 자체가 진리라고 말하리

그대로의 순수함으로
그대로의 청정함으로
그저 바라보고 웃는 그런 사랑

마주선 거울 앞에
스스로 존재에 미소를 지을 때
그대는 진정한 사랑 그 자체가 되리
안에서도 그러하듯 그 사랑이 찾아오리

이제 그 길 위에서

올라갈 때 발만 보이더라
내려갈 때 발만 보이더라

길 위에 섰으나
그곳엔 길이 없네

길을 걸으려면
길을 보고
너를 보려거든
눈을 감는다

이제 그 길 위에
두 신발이 나란히 놓였다

나는 그대라오

그대의 삶이 행복이라면
나는 행복이라오

그대의 삶이 아름다움이라면
나는 아름다움이라오

그대의 삶이 기쁨이라면
나는 기쁨이라오

그대를 아프게 하는 모든 것들을
나에게 주오

그대를 슬프게 하는 모든 것들을
나에게 주오

그대의 삶이 사랑이라면
나는 사랑이라오

나의 모든 것들은

그대라오

제3부

울음이 터졌다

★⋆ 언젠가 언젠가 우리 만난다면

언젠가 언젠가
우리 만난다면
주고받던
그 시 속에
나를 기억해주길

긴긴밤 그리움이
시가 되어
꽃이 핀다면
그대에게 내 향기 전해지리니

언젠가 언젠가
우리 만난다면
그 밤에 피던
눈물처럼
하얗고 하얀 웃음꽃 지어주리

그대의 시 속에
내가 핀 것처럼

나의 시 속에
그대가 핀 것처럼

진실한 사랑

나의 사랑이 기도가 되는 날

빗속에서 기쁨을
설원에서 행복을
태풍 속에서도 고요함을
나는 느끼리

나의 사랑이 기도가 되는 날

온 대지가
빛으로 물들고
온 바다가
하늘을 담으리

나의 사랑이 기도가 되는 날

꼭꼭 숨겨둔 낡은 추억이
내 속에서 피어나
영혼을 부르는
눈물로 남으리

★ 나도 그러합니다

꽃이 피고
바람이 불고
하늘은 푸르고
구름은 흘러갑니다

나무는 열매 맺고
강물은 흐르고
달빛은 영롱하고
별은 빛납니다

그 모든 것들이 이토록 아름다운지
그대를 사랑하고 알게 되었습니다

꽃도 그대를 위해 피고
달도 그대를 위해 세상을 비추고
별도 그대를 위해 빛나고
태양도 그대를 위해 오늘도 떠오릅니다

그 모든 것들이
그대를 위해 존재합니다

나도 그러합니다

마음의 창

마음의 창도 마음의 문도
어디에 있느냐
마음은 길 따라 흐르는 것
바람이 불면 바람을 느끼고
하늘을 보면 하늘을 느끼고
나무를 보면 쉬어가면 되거늘

이 세상 전부가 내 마음이라
창도 문도 내 마음엔 없구나

오직 그것뿐

평화와 행복
그 속에서
채울 수 없는
낯선 헛헛함
마음 한 구석
커다란 구멍

들여다보고
들여다보아도
채울 길 없는
빈 공간
무엇으로
채워야 하나

죽어도 평안의 끝 찾지 못하리

그 공간
오직
하늘사랑만이
채울 수 있는

님의 상처
님의 눈물

울음이 터졌다

천년의 그리움이
슬피 울던 그 자리에 별이 피었다

천년의 애절함이
삼켜진 그 자리에 별이 맺혔다

저 수많은 별들은 누구의 눈물들인가

돌아갈 길
이제 없는
바람의 골짜기에
그대를 묻고
감출 길 없는 후회로
언덕에 올라
한없는 설움
꾸역꾸역
가슴을 부여잡고
별을 보면

멈추려 애써도
멈출 수 없는
그 무엇

주저앉은 그 자리

울음이 터졌다

누군가 묻거든

꽃이 왜 피는지
나에게 묻지 마소

열매가 왜 맺는지
나에게 묻지 마소

낙엽이 왜 떨어지는지
나에게 묻지 마소

만물이 왜 잠드는지
나에게 묻지 마소

언제가 꽃은 다시 피리니

그대는
우리가 왜 여기에 있는지
나에게 묻지 마소

왜라는 건 없소

그저

그러함뿐이오

사랑해 그 한마디

사랑하는 마음으로
그대의 별을 내 마음에 그려 넣었지
사랑하는 마음으로
그대의 꽃을 내 마음에 심어 넣었지

온 세상이
실로폰 오색 빛깔의 음계 위로
그대와 춤을 추면
마주보는 눈동자 속에
둘만의 축제를 위한 불이 켜지네

사랑하는 마음으로
그대의 시를 내 마음에 새겨 넣었지
사랑하는 마음으로
그대의 하늘을 내 마음에 채워 넣었지

온 가슴 빗장을 풀면
생동하는 자연의 호흡을 나는 느끼지
가벼이 노 저어 그대에게 다가가
띄우지 못한 나의 편지
나의 마음

오늘은 그대에게 전하리
'사랑해'
그 한마디

기억하나요

그대는 기억하나요
우리는 하나였다는 걸
나는 기억합니다
우리는 하나였다는 걸

기억으로 만날 수 없는 자리
온 마음 태워
마음에 촛불 밝혀요

기억으로 만날 수 없는 거리
온 마음 다해
못다핀 꽃향기 피워요

그대는 느끼나요
내가 부르는 소리
공허함에 떨리는 꽃송이
나 이제 그대 안에서 피고 싶어요

내가 부르는 소리
내가 전하는 향기
기억난다면
이제 나에게 와주세요

마음이 사라지면

오직 그대를 사랑하는 마음으로
오직 그대를 바라보는 마음으로
그 하나의 마음으로
그대만을 생각해요

오직 그대가 행복함으로
오직 그대가 아름다움으로
이 세상 속에 그대가 신비롭게 거닐기를
그 하나의 마음으로
그대만을 생각해요

저 별에 내 마음을 담고 담아
저 달빛에 내 영혼을 담고 담아
이 세상 노닐다 나에게 쉬어가라고
그 하나의 마음으로
그대만을 생각해요

마음이 사라지면
두 눈을 감으면
온통 그대만을 생각하던 나는 없고

그대가 되어버린
사랑만이 남아요

시가 되어버린 사람

강과 바다와 하늘과 별
그리고 꽃들이
그를 만나면 시가 되네

시가 되어버린 강은 흘러만 가고
시가 되어버린 바다는 고요하고
시가 되어버린 하늘은 평온하고
시가 되어버린 별들은 사랑을 품네

시가 되어버린 사람
눈을 감을 뿐
아무것도 그에게 필요치 않네

세상의 아름다움이
세상의 놀라움이
그의 가슴에서 피어나네

나도 그의 가슴에서
시가 된다면
나도 그의 사랑 안에서
꽃이 된다면

나도 그들 속에서
아름다워지리라
놀라움이 되리라

가슴으로 운다네

알 수 없어요
그대가 나를 얼만큼 사랑하는지
그저 담담히 다가와 미소지어주는

알 수 없어요
그대가 나를 얼마나 그리워하는지
그저 담담히 내 곁에 서서
매일의 새로움이 행복이라 하네요

알 수 없는 그대 마음 알고 싶어서
어느 날 내가 별이 된다면
그대는 슬플까요
눈물이 날까요

그윽이 나를 보며 그대는 말해요

그럴 땐
'가슴으로 울겠지'

슬픔이 내린다

사랑은 기쁨이라고
영혼 담긴 꽃잎이
하염없이 흩어지던 날
나는 울 수 없었네

사랑은 행복이라고
영혼 담긴 꽃잎이
눈처럼 내리던 날
나는 울 수 없었네

사랑이 넘쳐흘러
담을 길 없는 가슴이
연인들의 눈빛 위로
별처럼 쏟아져 내리는 밤
나는 울 수 없었네

벚꽃 내리던 밤
아름다운 꽃잎의 향연
마음 비운 그 자리에
슬픔만 남았네

나는 울 수 없었네
그저 두 눈에
꽃잎이 흘러내린다

★★
나는 믿어요

내 가슴 무너진 가을벤치
오늘도 하늘하늘
코스모스 물결
재가 되어버린 석양의 끝에
그리움이 겹겹이
어둠 속에 묻혀요

내 가슴 무너진 가을편지
떨리는 꽃처럼 마음 움켜진
숨죽인 숨결
재가 되어버린 이 밤의 끝에
그리움이 한 숨 한 숨
슬픔 속에 묻혀요

코스모스 한 잎 두 잎 물결에 띄우고
떨리는 꽃 한 잎 두 잎 숨결에 띄우면
그대 기억하실까요

나는 믿어요

이 깊은 겨울에도
여전히 아련함의 불씨
불꽃 되어 타올라 그 따스함으로
그대가 나를 기억해내기를

나는 믿어요

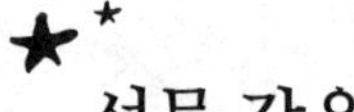

선물 같은 사랑

그대 향한
활짝 피어나는 기쁨
그건 나에게 선물이여라

그대 향한
바램 없는 기도
그건 나에게 선물이여라

향긋한 내음이
온 몸에 스며들어
삶의 물결
그 자체가 나에게 선물이여라

숭고한 응답
삶의 열매 영그는
그 자체가 선물이여라

그대의 존재만으로
선물 같은 사랑
신이 주신 선물이여라

멈춰버린 사랑

사랑을
멈추는 법을
알지 못합니다

더 큰 사랑이 찾아와야
멈출 수 있는 사랑
그 사랑도
그대라면 좋겠습니다

그때라면
서툰 사랑 보듬는
진정한 사랑
꽃 피겠지요

멈춰진 그 자리에
꽃이 피겠지요

나는 꿈을 꿔요

잠이 와요
스르륵 스르륵
내 몸 마디마디
따스함으로
노곤한 일상의 달콤함으로

스르륵 스르륵
머리와 두 팔 두 다리
가슴에 모여 모여
둥지가 됩니다

잠이 와요
스르륵 스르륵
창밖의 고양이 울음소리
짝을 찾는 애절함이
온 몸 온 마음의
빈 공간을 채워갑니다

나는 꿈을 꿔요
둥지가 된 공간 속으로
그대를 만날 수 있는
유일한 길 속으로
오늘도
걸어 들어갑니다

제4부

황홀한 순간

★★ 여명의 꿈

나를 이끄는 무언의 울음
그 마디마디 설움이
뼈 속 깊이 새겨져
나를 흔드는
미지의 약속

밤이면 찾아오는
거울 속에 낯선 나
눈동자에 아로새겨진
존재의 슬픔

너는 무엇이니
내게 묻는 애달픈 속삭임

저 멀리 들려오는 뱃고동 소리
혈관을 타고 가슴을 두드릴 때
눈동자 속 흔들리는
잊혀진 약속
잊혀진 기억

내 가슴에 차오르는 뜨거움이
여명의 붉은 태양 속으로
녹아들어가
잊혀진 꿈
나를 깨운다

★ 황홀한 순간

조심스레 다가서도
떨리는 가슴
행여나 들킬까
눈길을 돌리네

주고받은 말들이 시가 되고
주고받은 글들이 노래가 되네
그대의 속삭임은
운율을 타고
내 마음에 새겨져 그리움이 되었네

행여나 들킬까
눈길을 돌려도
이내 감출 길 없는
떨리는 목소리

나의 행복을 비는 그대의 한마디
나의 아픔을 바라보는 그대의 한마디

보고 싶소

그 한마디

황홀한 순간

★★

열병

산들거리는 숲길 이름 모를 나뭇잎
시를 노래하던 두 연인을 자연이 감싸네
흘러가는 냇물 고요함으로 고인
석양의 평온

스치는 바람의 기억
열정으로 재가 된 마음
움켜질 듯 움켜질 듯
바람길 따라 흩어진다

흘러가는 냇물 고요함으로 고인
열병의 흔적
돌아갈 수 없음에 버거운 마음
애절함으로 오직 한 마음으로

바람의 기억 바람길 따라 흩어진
망각의 흔적
돌아올 수 없음에 버거운 마음
그리움으로 오직 한 마음으로

오직
하나의 마음으로
그대가 보고플 때
눈을 감는다

★*
두려움 속에 피는 꽃

두려움과 마주선
찰나의 순간
붉게 핀 꽃 한 송이
가슴에 피네

두려움 앞에 우뚝선
나라는 사람
사랑이라는 이름 위에
뜨거움을 새기네

두려움 속에 피는 꽃
100도에서 피는 열정의 꽃
나의 가슴에
꽃이 피는 날

존재의 약속 지켜지리라

새롭게 빛날
새로운 탄생
새로운 축제
새로운 인생

그 꽃을 사람들은
용기라고 하네

神이 난다네

그대는 나에게
영혼의 빛 밝혀주는 사람

아름답다라는 말 한마디
나는 신이 난다네

영혼 없는 현실
웅크리고 앉아
마주하기도 버거운
독백의 시간들 속에서

그대는 끊임없이
영롱한 빛으로
위로와 찬사를
건네는 사람

그 모든 것이 아름답다는 말 한마디
나는 신이 난다네

그대를 품은
뜨거운 계절들은
나에게 영감을 주는
신이 나는 나날들

★★ 한 사람의 꿈

애달픈 꿈
가슴에 새긴
한 사람의 모습 거울에 비치네

내일의 기다림
약속되지 않은 설레임
가슴에 새긴
한 사람의 모습 거울에 비치네

소리 없이 부서진
꿈을 꾸던 아이
한 아이의 모습 거울에 비치네

말없이 흩어진
꿈을 찾던 아이
한 아이의 모습 거울에 비치네

조용한 눈빛
따뜻한 눈빛
순수함으로
청정함으로
한 사람을 바라보네

애달픈 꿈
내일의 설레임
소리 없이 부서진
말없이 흩어진
가슴에 새겨진 꿈들이여

거울 속에 한 아이도
거울 속에 한 사람도
온데간데없네

빛바랜 문만이
활짝 젖혀져 있네

하나 되는 시작

삶속에 조각난
나의 가슴이
상처를 껴안고
웅크리고 앉아
설원의 눈보라를
버텨내고 있을 때

민들레 홀씨 하나
그곳에 내려와
영혼의 사랑으로 꽃을 피우네

삶속에 조각난
나의 육신이
상처를 껴안고
웅크리고 앉아
초원의 비바람
버텨내고 있을 때

민들레 홀씨 하나
그곳에 내려와
영혼의 자비로 꽃을 피우네

우리는 말 없음 속에서
하나 되고
소리 없음 속에서
만남을 흐느끼네

우리가 하나 되는 날
그대는
다시 태어난다네

★ 먼 북소리

이 밤이 지나면
어김없이 찾아올 두려움
내일은 내 삶에 무엇이 있을까

이 밤이 지나면
어김없이 찾아올 공허함
내일은 내 삶에 무슨 일이 생길까

겹겹이 쌓여가는
시간의 흔적 속에서
어김없이 찾아오는
같은 날 같은 밤들

잃어버린 것이 무엇인지
잊혀진 것이 무엇인지
고개 숙여 다시
읊조려진 그 밤

희미하게 들려오는 먼 북소리
조금씩 다가오는 먼 북소리
심장을 고동치게 하는 먼 북소리

삶을 향해 뛰어라
둥! 둥! 둥!

사랑의 불꽃

너를 향해가는 이 길
고개를 떨구고
발등만 바라본다

앞서 가면 다칠까
뒤서 가면 잊힐까

조심조심 그녀의 발걸음
다가서는 열아홉 소녀처럼

마음의 초에 불을 밝히고
애절한 마음
숨기고
가슴을 태운다

촛농 한 방울
눈물 되어 떨어질 때
가슴속에 타오르는
사랑의 불꽃

애타는 마음
불씨 되어
마음을 삼키고
그곳에서
사랑은 불꽃이 된다

yes 그리고 예스

yes라고
말하지 못해
긴긴 기다림
나의 가슴에 멍울을 남겼다

yes라고
말하지 못해
다시 올 수 없는 사람에게
사랑을 전하지 못했다

흘러가는 구름 넘어
태양은 늘 변함없이
함 없는 속에서도
끊임없이 세상을 밝히는데

그저 그러한
함 없는 YES
NO 없는 예스

오직 경이로움만을
오직 사랑만을
전할 수 있는
yes만이
이제 내 삶에 있네

매일의 새로운
태양처럼
그저 그러함의 yes
그리고 예스

★* 나에게 이르는 길

하늘을 우러러 보이는 저곳
저곳에서라면 보일까
보이는 것은 낯설고
이방인처럼 스쳐지나가는
그들 속에
사랑을 배우고 그리움을 배웠네

하늘을 우러러 보이는 저곳
저곳에서라면 보일까
운무 속으로 나는 걸어 들어가
태고의 발걸음을 배우듯 올라올라
그들 속에서
아픔을 배우고 슬픔을 배웠네

고개 숙여 내려다보면 보이는 저곳
저곳에서라면 행복에 이를까

나에게 이르는 길

운무 속으로 나는 걸어 들어가
오늘도 이방인이 되어 이 길을 걷네

나를 넘어서서

넘어지면 일어나네
두 주먹 불끈 쥐고
그냥 일어나게 되어 있는 걸
그저 넘어졌을 뿐

넘어지면 일어나네
일어날 이유 찾으며
그냥 일어나게 되어 있는 걸
그저 넘어졌을 뿐

그저 넘어짐에 슬퍼하지 않게 된다면
그저 이유 없는 일어남이 계속된다면

그대는 어느 날
다시 태어나리

넘어선다는 것은
나를 넘어선다는 것은
수없는 넘어짐 속에서
수없는 일어남 속에서
나를 세우는 연습이었음을

그대는 매일
그대를 넘어서네

★★ 청춘의 꿈

청춘이 되어간다는 것은
삶을 즐기고 삶에서 행복을
삶에서 아름다움을 발견하는 것

온전한 사랑으로
서로에게 자유를 안겨주는 것

내면의 안정과
외면에서의 기쁨이
다르지 않음을
약속을 통해 지켜가는 것

삶이 새롭게 다시 시작될 때마다
내일의 태양이 다시 떠오를 때마다
맨발의 청춘은
신이 나서 춤을 춥니다

청춘이 되어간다는 것은
사랑하는 님과 평온함을 나눠갖는 것

청춘이 되어간다는 것은
삶의 자갈길을 온 몸으로 디디며
존재를 향한 지극한 사랑
지켜가는 것

그뿐인 걸

마음이 덜그덕 덜그덕
가슴이 덜그덕 덜그덕
세상사
살얼음판
올라갈 땐 하늘만 보고
내려갈 땐 땅만 보고

기억은 온통 덜그덕 덜그덕
추억은 온통 덜그덕 덜그덕

세상사
헛딛어도
넘어지면 그뿐이고
세상사
서툴러도 다시 하면 그뿐인 걸

넘어지고 시작하고
나를 넘고 다시 넘고
그러면 어느 날
거울에 비친 너를 본다면

너의 눈동자에
세상이 담기리

약속된 노래

세상은 고요하고
마음은 홀로
달빛 마주보면
가슴에 닿아 별이 된 노래가
귓가에 맴도네

내 님의 슬픔이
내 님의 외로움이
오롯이 담겨진
나를 이끄는 북소리

말없는 속삭임이
소리 없는 울림이
움직임 없는 공간으로
나를 인도케 하네

풀잎마저 속삭임을 멈춘 그 공간에
들려오는 희미한 북소리

마음은 홀로
달빛 마주보며
가슴에 닿아 별이 된 노래가
귓가에 맴돌 때

먼발치 걸어오는 한 사람
나에게 다가오는 한 사람
약속된 노래가
귓가에 맴돈다

한마디의 노래가
나를 향해 시작되네

'지금 몇 시인가요'

이제 그대를 만날 시간

아직 거기 있나요

꽃보다 빛나는
이름 모를 꼬마소녀
보라색 원피스
총총걸음에
꿈을 안은 소녀는 나비가 되네

허겁지겁 배 채우고
허겁지고 막차 타던
스무 살의 꿈
스무 살의 세상살이

다가가면 한 걸음
달려가면 한 달음
자꾸만 멀어져간
나의 꿈 나의 청춘

이젠 기억조차 희미해진
젊은 날의 길목에
눈을 감고 서본다

아직도 거기 있나요

나비가 되고픈
잊혀진 나의 꿈
잊혀진 나의 청춘

열정

태양이 떠오른다
태양이 붉다
모든 시작을 품고
세상 비추는
절제된 열정이
움틀거리며
하늘과 바다가 닿은
그 틈 사이로 밀려나왔지

가만히 보라
순백의 빛은 온 하늘을 채우려
나누고 나뉜 채
뜨거움으로 스스로를 그곳에 펼치니

너울거리는 바다내음
갈라진 틈에서 불어오는 열기
바람소리에 실려
내 가슴에 빨려 들어왔지

태양이 떠오른다
태양이 붉다

오직 지금

나를 채운 태양을
힘껏 안는다

제5부

그 겨울의 눈물

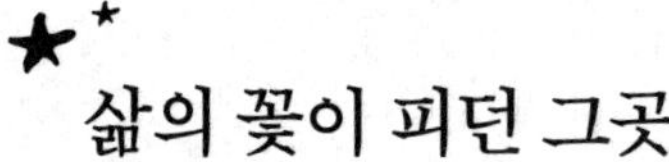

삶의 꽃이 피던 그곳

단칸방 전전하던 어린 신랑은
두 손 가득 따스한 붕어빵 움켜지고
종종걸음 골목길을 뛰어갑니다

눈은 내리고
아이의 울음소리
희뿌연 창문에 삶을 그리고
미소 짓는 여인의 행복이
입 안 가득 채워집니다

꽁꽁 언 얼음 손 김치 한 포기
정겨움으로 아침을 채우고
보채는 아이
등에 업은 어린 신부
텃밭에 배추포기
삶에 지친 저녁을 채워봅니다

집집마다 개짓는 소리
아이들의 웃음소리
골목길마다 삶의 꽃이 피는 그 담 너머로

오늘도
갓 시집 온 신부의 손
곱게 움켜진 어린 신랑

새로이 그곳에 짐을 풉니다

★★ 천국이라 하네

아파도
천국이라면
사랑이 있어서겠지

슬퍼도
천국이라면
사랑이 있어서겠지

오직
사랑만이 있다면
만날 수 있는 세상

지옥이라도
그곳을 천국이라 하네
그대만이 있다면

억겁의 정

달빛 바라보며
애써 고백치 못한
서투른 입술
눈동자에 깃든 슬픔이
오늘도
기도하는 마음이 되어
그대에게 향합니다

달무리 겹겹이
쌓여진 틈 사이로
태곳적 이야기들
소리 없이 배여 나온
은빛바람 품에 안고
그날의 情들이
이곳에 내려옵니다

꽃은 붉고
풀잎은 푸르고
별들이 빛나는
어제 같은 밤들
내일 같은 밤들

달빛에 깃든
억겁의 정들

오늘도
기도하는 마음에
내일의 情이
하나 더 늘었습니다

그 겨울의 눈물

아래에서 올려다보면
아득한 그곳
흰 고무신 동여매고
올랐을 그 산

무엇을 염원하며
그 길을 올랐을까

서러움이 응어리져
웅크리고 앉았더니
나는 없고 덩그러니
돌 하나가 슬피 우네

님 찾아 올랐을까
자식 찾아 올랐을까

천지 아래 내 딸들이
천지 아래 아들들이
오늘도 쉬임 없이
나를 찾아 올라오니

고당봉 꼭대기에
오늘도
아련함이
눈물 되어 쌓인다

내 마음 같아라

밤하늘
둥그런 달
강물에 자신을 놓았다

청정함이
아로새겨진 자리
청둥오리 암수
노닐다 간다

손을 뻗어 움켜지면
달이 잡힐 듯
동그랗게 원 그리며
달을 그린다

달을 그린 내 마음이
노닐다 간다
고요함이 고인 하늘
내 마음 같아라

★* 온 생애 한 번

새벽 은하수 바라보며
내가 울었던 것은

저 머나먼
어느 별에서
은하수 건너
그보다 더 먼 곳에서

상처 입은 어린 소녀
온 생애 한 번 찾아오는
숭고한 별 앞에서
무릎 꿇고 기도하며
흘렸던 눈물을

찰나 속으로 사라질
반짝이던 그 눈물을

지금 보았기 때문인지도 모른다

달마가 서쪽에서 온 까닭은

'달마가 서쪽에서 온 까닭은 무엇입니까'
'뜰 앞에 잣나무'

뜰 앞에 잣나무
그 아래
나는 당신께 물었습니다
'당신이 내게 온 까닭은 무엇입니까'

그대는 말하죠
'그저 그대라서'

두 사람이
서로의 눈동자 속에
서로를 담았습니다

그대와의 춤을

구름 위로 올라올라
별빛 우주 속에
그대의 손길에 이끌려
나는 춤을 추네

조심스레 내딛는 걸음걸음
진공은 솜사탕처럼
가벼이 가벼이
나를 감싸안고

그대와 나
마주보고
서로의 눈동자에 서로를 담고
눈을 감으면
순수한 숨결 온 마음에 스며드네

뜨거운 가슴
소리 없는 운율에
순백의 별무리들
온 몸을 밝혀
하나 된 가슴을 금빛으로 물들이네

그러기에
어찌 잊으리
그대와의 춤을

천국의 길

이 세상이 천국이라면
저 세상도 천국이여라

이 세상이 지옥이라면
저 세상도 지옥이여라

이 세상이 천국인 것은
그대의 사랑 때문이니
그대의 속삭임이
눈물겹게 고마워

그대의 천국은
나의 천국
사랑으로 피고 지는 꽃
사랑으로 피고 지는 별

그대의 사랑으로 내 마음에 꽃이 피고
그대의 사랑으로 내 마음에 별이 피네

이 세상이 천국이면
저 세상도 천국이어라

그대의 사랑 품은 꽃이 된 별이
영원히 천국의 길 위에 빛날지니

반가사유상

음… 니 말도 옳구나
음… 조금 불편하구나
음… 생각해봐야겠구나
음… 화가 날지도 모르겠구나
음… 생각을 해보니 즐거운 일이구나
음… 머리가 좀 아프구나
음… 같이 하자꾸나

세상에 둘도 없는
신비로운 미소
부처의 표정은
그대 마음의 거울

그래 우리 서로 사랑해보자꾸나
신비로운 미소 속에
나의 미소도 스며드네

망부석

떠날 때
목마를까
고개마다
눈물짓고

돌아올 길
잊지 말라
치마폭
펼쳐놓네

눈물 맺힌
옷고름을
하늘 위로
흩뿌리고

가신 님
날 찾을까
이곳에
나를 묻네

숨박꼭질

꼭꼭 숨어서
이제는
숨박꼭질하던 아이들도
이내 포기한
오후 6시 저녁 골목길

누군가
애써 그를 찾네

잊어버리고
잊어버려서
숨박꼭질하고 있단 사실조차
잊어버리고

잊혀진 그 시절
나는 돌아가
꼭꼭 숨어라
머리카락 보일라

그렇게 찾고 찾다보면
어둠 속에 웅크린
옅어진 그림자
너의 낡고 바랜 운동화

서로가 찾아 헤맨
잊혀진 희미한 기억들
그토록 찾아 헤맨

나의 사랑
나의 영혼

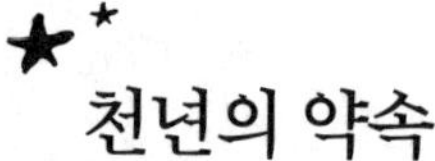

천년의 약속

토함산 숲길마다 머물던 고요들이
밤이면 풀길 스치며
바람 되어 내려온다
엄마를 찾는 아이의 울음소리
종소리에 녹아들 때
봉인된 천년의 침묵을 등에 진 미소가
어둠 속에 길을 떠난다

진리를 찾는 이
길 잃을까
어둠보다 깊은 어둠 속을
등불 밝히며 가는 그대
감출 길 없는 자비가 꽃이 되어
다보탑 꼭대기에 이슬이 되고
석가탑 봉우리에 둥지를 튼다

마음의 등불

이 어둠
길 잃지 말라고
등불 건네는 그대

이 세상
넘어지지 말라고
등불 건네는 그대

마음만큼
커져가는 등불에
꽃이 피고
향기가 피네

그대의 사랑으로
내 마음이 하늘 같아지면
한없는 빛의 오선지에
향기가 흐르고
꽃잎이 놓여지네

가슴에 울려 퍼지는
영혼의 선율
사랑의 꽃잎
향기 속으로 흩어지면

오색찬란 이 세상이
빛으로 물드네

4월에는 사랑하게 하소서

삼월의 아지랑이
그 속에 너를 보았으니
4월에는 사랑하게 하소서

벚꽃망울 터져가는 3월의 햇살 속에
너를 보았으니
4월에는 사랑하게 하소서

눈부신 햇살
벚꽃 잎에 영글어
가슴은 온통
춤추는 봄이라네

눈 내리는 봄 속에서
그대와의 왈츠를
눈 내리는 꽃잎 속에서
그대와의 키스를
4월에는 사랑하게 하소서

천일의 기다림

천개의 학종이를
접어 보낸 너에게
내 사랑을 다하지 못했네

천개의 꽃송이를
접어 보낸 너에게
내 슬픔을 보이지 못했네

서툴러서
내 사랑을
다하지 못했네
서툴러서
내 슬픔을
보이지 못했네

천일의 기다림 속에
천개의 학종이가
천개의 꽃송이를 등에 지고
온 방 안을 맴돌 때
나는 알았네

사랑이란
기다림이라는 빛으로
너를 비추는 것임을

나를 그것이라 하더이다

태초부터
태초라는 것이 어렴풋하게
시작될 때부터
에너지가 박동하는 그 순간부터
의식이 나를 통해 세상을 볼 때부터
나는 우주 속에 있었네

수많은 얼굴들이 나를 들여다보고
나를 탐색했지
때로는 녹아내릴 것 같은 갈증과
온 몸을 도려낼 듯한 기괴한 통증
놓아버리면 안 될 사명이라도 있듯
이 우주를 포기할 수 없었네

우주가 생명이 다하는 순간
내 의식이 희미해져가고
모든 빛이 삼켜져
고요 속에 홀로 유령처럼 떠돌 때

나는 죽음의 그림자를 보았네
더함 없는 고통의 기억 속에
또 다른 우주로 방생되었네

그리운 나의 고향에서
나는 다시 태어나
빛으로 진동하는 우주를 다시 만나길

긴긴 시간
어둠 속에서
둥지를 트네

그런 나를
사람들은
기생충이라 하더이다

삶의 초상

여인이 물질해 따다놓은
곰피가 마당 가득
빨랫줄에 데롱거립니다

앞마당 짝 잃은 은행나무
해마다 열매 맺지 못하고
새들의 둥지가 되어줍니다

그곳에 홀로 남겨진
여인의 눈가에 주름은 늘고
늙은 개가 오늘도 바람에 짖어댑니다

따스했던 나날들
마당에 소꿉놀이 하던 언니들도
종종걸음 좇아오던
어린 남동생도
이제 그 집에 없습니다

앞마당 짝 잃은 늙은 은행나무
올해도 마른가지
둥지가 되어줍니다

늙은 여인이 물질해 따다놓은
곰피가 오늘도
빨랫줄에 데룽거리고
늙은 개가 꼬리를 흔들며
오늘도 바람에 짖어댑니다

따스했던 나날들이
그리운 날들이 되어
눈물겹게
보고 싶습니다

제6부

그렇게 별이 된다면

★*
별이 흐른다

마음이 순수하면 별이 된다고
마음이 청정하면 별이 된다고
말없는 말로
소리 없는 속삭임으로
나에게 알려주네

순수한 아이처럼
하나둘 별을 세면
잊혀진 풍경들이
가슴에 떠올라
그대를 기억케 하네

어디쯤에 계시나요
나를 찾아오시나요

잊혀진 그리움이
멈춰진 시선 속에
눈물 되어 별이 흐른다

그렇게 별이 된다면

태어남 이전
그 생에도
사랑을 하며 살았겠지

억겁의 생
그 삶들 속에서도
사랑을 하며 살았겠지

어느 날 문득
바람이 일구어낸
태양의 내음이
온 몸 가득
나를 채우고
대지로 흩날릴 때
나는 고요히
눈을 감아본다

이번 생이
마지막이라면
더 이상 다음 생이
허락치 않는다면

나는 오늘 그대에게 고백하리

마지막 사랑을
그대 속에서 피우리라고
당신을 품고

별이 되고 싶다고

그저 바라봄

그저 하늘이 있으면 하늘을 바라봐요
그저 별이 있으면 별을 바라봐요
꾸밈없는 그대로 그대로의 모습으로

그저 꽃이 피면 꽃을 바라봐요
그저 바람이 일면 바람을 바라봐요
꾸밈없는 그대로 그대로의 모습으로

그저 그대가 있으면 그대를 바라봐요
어느 날 내게
그대만이 보이는 날

꾸밈없는 그대로 그대로의 모습으로
그대 곁에 갈게요

사람은 음악을 타고

그대가
내게 올 때 들려오는 운율
가슴에 점점이 빛 밝히는 선율

삶은 이내
무대가 되어
그 음악과 함께
사랑을 노래하네

그대가
내게 올 때 들려오는 북소리
가슴을 전율케 하는
뜨거운 하프의 속삭임

달빛 머금은 호수는 이내
둘만의 진폭으로
이 밤의 끝까지
그 자리를 내어주네

그리고 나는 그대의 꽃이 되었다

스치듯 지나는 많은 사람들
그대의 눈길 멈추는 그곳

긴긴 날 기다림 속에
붉은 입술 깨물며
꽃으로 피어나

존재로서 말을 건네던
그날의 눈맞춤
그날의 입맞춤

그리고 나는 그대의 꽃이 되었다

극에 이르면

아름다움이 극에 이르면
별이 된다고
슬픔이 극에 이르면
별이 된다고
아득한 먼 곳
저 어둠에 반짝이는
별들이 말합니다

하늘만 바라보던
그림자 없는 그 밤에
하염없는
애절함이 녹아녹아
이슬에 머물고

달빛만 바라보던
초점 없는 그 밤에
불길 같은
그리움이 녹아녹아
재가 되어 흩어지면

그리운 얼굴 허공에 그려봅니다

아름다움이 슬픔이
하나의 마음에 아로새겨지면
별이 된다고
나만이 볼 수 있는
별이 된다고

그대는 나에게 가르쳐주었습니다

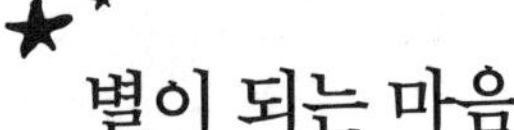

별이 되는 마음

가난하면 별이 된다고
바람이 일러준 속삭임
비우고 비워보네
가난한 마음으로

움켜진 손아귀 무엇 하나
남겨진 것 없이
부여잡은 마음속 끝없이
비우고 비워보네
가난한 마음으로

비울수록 차오르는 끝없는 행복
비울수록 타오르는 한없는 사랑

그 마음이 별이 되는 거라고
바람이 일러준 속삭임

눈을 감으면
아름다운 사람들 속에서
사랑으로 살고 싶어지는
이 마음이 별이 된다고

별님아 별님아
날 보아주세요

하늘의 별 닮은 내 마음이
이 세상 사랑 속에서
가난한 마음으로
별이 될 터이니

함 없는 함으로

강은
함 없는 함으로 흘러갑니다
하지만 그 사랑이 만물에 생명수를 전해줍니다

바람은
함 없는 함으로 일구어냅니다
하지만 그 사랑이 만물에 호흡을 전해줍니다

함 없는 함으로
사랑을 한다면
그 순수함으로 꽃이 피겠죠
이름 없는 그 꽃이
함 없는 함으로 향기가 될 때
그대 내게 와 쉬어갈까요

사랑은
함 없는 함 속에서
기대 없는 함 속에서
진실해진다는 걸
자연이 알려줘요

별과 같은 그대가 내 안에 있음으로

별과 같은 그대가 내 안에 있음으로
이 어둠이 이대로 끝이 아님을 안다

별과 같은 그대가 내 안에 있음으로
이 슬픔이 이대로 끝이 아님을 안다

별과 같은 그대가 있음으로
밤길 숲을 헤치고 상처입어도
그것이 그대의 사랑임을

그대가 준 그 모든 것들이
내게 줄 수 있는 또 다른 사랑이었음을

비로소
모든 것 안에 사랑이 깃들고
모든 것 안에 용서가 깃들고
모든 것 안에 감사가 깃들어 있음을

별과 같은 그대가 내 안에 있음으로
나는 그 길을 걷는다
생명의 길을
존재의 길을

제7부

한라의 書, 詩人의 書

지극함으로

지아비 삼켜버린
고요한 탐라의 바다
말없는 침묵에
목 놓아 우는 스물여섯
꽃다운 제주의 아낙

지극함으로 오르고 오르면
님을 만날까
지극함으로 빌고 빌면
님 돌아올까

한 살배기 아이 업은
아낙의 눈물이
한라의 숨결을
토해내네

아득한 울음소리 누구의 울음인가

배고픈 아가의 목청이 천지를 흔들고
여인의 흐느낌이 대지를 흔들 때

사슴 한 마리
구슬픈 노래 삼키며
못가를 배회하네

★★ 한라를 오릅니다

뱃고동소리 울려올 때
님이 계신 낯선 땅으로
거친 바다 꾸역꾸역
토해내는 네 살 아이
배고픈 한 살배기
울음소리 등에 지고
이 땅을 떠나는 아낙

슬픈 일은 없을 거야
행복만이 있을 거야
한없이 기약하며
한라를 바라보는
어린 아낙의 눈에
그리운 형제 그리운 어머니가
파도처럼 맺힙니다

뱃고동소리 울려올 때
배고팠던 한 살배기

철없던 아기
한라를 오릅니다

슬픈 일은 없을 거야
행복만이 있을 거야
어린 아낙의 눈에 맺힌
그리운 형제 그리운 어머니
꾸역꾸역 담고서

뱃고동소리 울려올 때
반평생 돌고 돌아
배고픈 울음소리 한 움큼 뱉어내며
시작된 이곳으로 나는 돌아와

이곳에 태어나
이곳을 떠났던
배고팠던 한 살배기
철없던 아기는
오늘 한라를 오릅니다

한라의 꿈

제주도를 삼킨 나의 시선이
백록담에 머문다

저 그릇은 무엇을 담는 그릇인가

천지기운 내려와
제주의 눈물을 담은 그곳에
한라의 꿈이 넘실거린다

그리운 내 고향
물 찾아 떠난 길 잃은 방랑아들
한 번쯤
쉬어가라고 쉼 없는 손길 내미네

혼저옵서예*

* 혼저옵서예 : '어서오세요'라는 말의 제주도 사투리

한라의 꿈은
그대의 꿈을 지켜보는 것
한라의 꿈은
그대를 기다리는 것

제8부
첫 시집, 마지막 詩

★ 運命의 수레바퀴

운명의 수레바퀴
너는 나를 넘지 못하리

운명의 수레바퀴
나를 밟고 지나가시오

너는 나를 넘지 못하리
그것이 운명인 것을

헤어짐의 메시지들
선택의 자리에서
나의 순수한 사랑 위해
모든 것을 내려놓네

운명의 수레바퀴
나를 밟고 지나가시오

운명 넘어 운명 위에
그대 향한 내 가슴에

존재의 꽃이 핍니다

하나둘셋

그리고 하나

이 시를

나의

영혼의 불꽃에게 바칩니다